Bibliografische Information der Deutschen Nationalbibliothek: Die
Deutsche Nationalbibliothek verzeichnet diese Publikation in der
Deutschen Nationalbibliografie; detaillierte bibliografische Daten sind
im Internet über www.dnb.de abrufbar.

Lektorat: Frieda Haberlach

Herstellung und Verlag:
BoD – Books on Demand, Norderstedt
ISBN-9 783752 888294

Herzlich willkommen im NIC-BOOK!

In Ihrem ganz persönlichen Buch zur Förderung Ihrer Kreativität. Dieses Buch gibt Ihnen die Möglichkeit, Ihren täglichen Tagesablauf zu organisieren, ohne Ihre Kreativität zu vernachlässigen.

Im Zeitalter der Smartphones und Tablets verkümmert unsere Kreativität immer mehr. Während man früher Notizen mit kleinen Zeichnungen ergänzte und sie sich somit besser eingeprägt hat, drückt man heute höchstens einen Button und fügt ein Emoji hinzu.
Mit diesem Buch möchte ich Sie animieren, wieder zum Stift zu greifen, Ihrer Kreativität freien Lauf zu lassen und es ihr erlauben, in Ihr Berufsleben und Ihre Freizeit wieder einzug zu halten.

Gestalten sie es, wie es Ihnen beliebt, und machen Sie aus einem ganz normalen Kalender Ihr ganz persönliches Kreativ-Buch. Aus diesem Grund habe ich mich bei der Gestaltung der Seiten sehr bedeckt gehalten.

Gestalten Sie es selbst - werden Sie wieder kreativ!

Ihr
Marco Brandt

Kalender

Für jede Kalenderwoche steht Ihnen
eine Doppelseite zur Verfügung. Auf
der linken Seite können Sie für
jeden Tag Ihre Termine notieren.
Auf der rechten Seite haben Sie die
Möglichkeit Ihre Aufgaben, Ihre
Ziele und besondere Ereignisse zu
notieren.

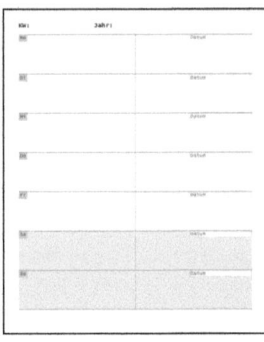

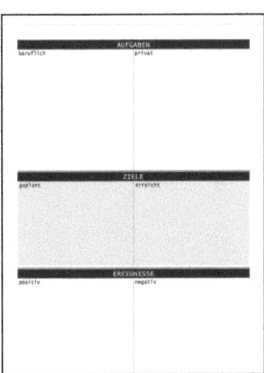

AUFGABEN

Planen Sie Ihre Woche und notieren
Sie, was Sie in den sieben Tagen
beruflich und privat erledigen
wollen. Ist die Aufgabe erledigt,
streichen Sie sie einfach durch.
Dieses gibt Ihnen ein Erfolgsgefühl
und motiviert Sie, die noch offenen
Aufgaben in Angriff zu nehmen. Seien
Sie auch hier kreativ und zeichnen
Sie für jede Aufgabe kleine Icons.

ZIELE

Setzen Sie sich für jede Woche
erreichbare und realistische Ziele
und planen Sie diese auf der linken
Seite. Wenn Sie sie erreicht haben,
notieren Sie das Ergebnis auf der
rechten Seite, am besten in einer
anderen Farbe. Auch dieses wird Sie
für kommende Ziele motivieren.

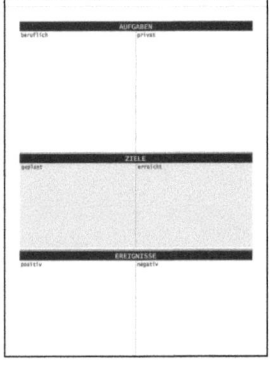

EREIGNISSE

Die Zeile Ereignisse dient dazu, sich positive, aber auch negative Dinge, die sich in der Woche ergeben haben, festzuhalten. Notieren Sie sie aber nicht einfach, sondern führen Sie sich vor Augen, was dazu geführt hat. So haben sie die Möglichkeit, Positives zu wiederholen und Negatives zukünftig zu vermeiden.

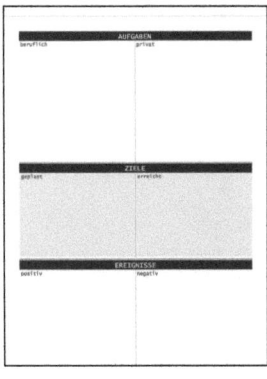

IDEAS/CREATIVE

Auf 52 weiteren Doppelseiten haben Sie die Möglichkeit, Ihren Ideen freien Lauf zu lassen. Notieren Sie auf der linken Seite alles, was Ihnen einfällt, und visualisieren Sie Ihre Idee auf der rechten Seite mit einer kleinen Zeichnung oder Skizze.
In vielen Studien wurde bewiesen, dass Bilder und Zeichnungen helfen, Ideen zu verinnerlichen und weiterzuentwickeln. Nutzen Sie diese Erkenntnisse, auch wenn Sie kein Picasso sind.

NOTES

Die letzten Seiten geben Ihnen die Möglichkeit, wichtige Gedanken zu notieren oder Besprechungen zu protokollieren.
Selbstverständlich können Sie auch hier Ihre Notizen mit kleinen Skizzen ergänzen. Lassen Sie auch hier Ihrer Fantasie freien Lauf.

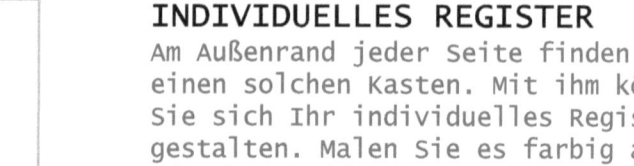

INDIVIDUELLES REGISTER

Am Außenrand jeder Seite finden Sie
einen solchen Kasten. Mit ihm können
Sie sich Ihr individuelles Register
gestalten. Malen Sie es farbig aus,
oder beschriften Sie es, damit Sie
Ihre Ideen und Notizen schnell
wiederfinden.

KW: Jahr:

Mo		Datum

Di		Datum

Mi		Datum

Do		Datum

Fr		Datum

Sa		Datum

So		Datum

AUFGABEN

beruflich | privat

ZIELE

geplant | erreicht

EREIGNISSE

positiv | negativ

KW: Jahr:

Mo	Datum

Di	Datum

Mi	Datum

Do	Datum

Fr	Datum

Sa	Datum

So	Datum

AUFGABEN

beruflich | privat

ZIELE

geplant | erreicht

EREIGNISSE

positiv | negativ

KW: Jahr:

Mo		Datum

Di		Datum

Mi		Datum

Do		Datum

Fr		Datum

Sa		Datum

So		Datum

AUFGABEN

beruflich	privat

ZIELE

geplant	erreicht

EREIGNISSE

positiv	negativ

KW: Jahr:

Mo	Datum

Di	Datum

Mi	Datum

Do	Datum

Fr	Datum

Sa	Datum

So	Datum

AUFGABEN

beruflich	privat

ZIELE

geplant	erreicht

EREIGNISSE

positiv	negativ

KW: **Jahr:**

Mo	Datum
Di	Datum
Mi	Datum
Do	Datum
Fr	Datum
Sa	Datum
So	Datum

AUFGABEN

beruflich	privat

ZIELE

geplant	erreicht

EREIGNISSE

positiv	negativ

KW: Jahr:

Mo   Datum

Di   Datum

Mi   Datum

Do   Datum

Fr   Datum

Sa   Datum

So   Datum

AUFGABEN

beruflich	privat

ZIELE

geplant	erreicht

EREIGNISSE

positiv	negativ

KW: Jahr:

Mo	Datum
Di	Datum
Mi	Datum
Do	Datum
Fr	Datum
Sa	Datum
So	Datum

AUFGABEN

beruflich | privat

ZIELE

geplant | erreicht

EREIGNISSE

positiv | negativ

KW: Jahr:

Mo		Datum

Di		Datum

Mi		Datum

Do		Datum

Fr		Datum

Sa		Datum

So		Datum

AUFGABEN

beruflich	privat

ZIELE

geplant	erreicht

EREIGNISSE

positiv	negativ

KW: Jahr:

Mo	Datum

Di	Datum

Mi	Datum

Do	Datum

Fr	Datum

Sa	Datum

So	Datum

AUFGABEN

beruflich | privat

ZIELE

geplant | erreicht

EREIGNISSE

positiv | negativ

KW: Jahr:

Mo		Datum

Di		Datum

Mi		Datum

Do		Datum

Fr		Datum

Sa		Datum

So		Datum

AUFGABEN

beruflich | privat

ZIELE

geplant | erreicht

EREIGNISSE

positiv | negativ

KW: **Jahr:**

Mo		Datum

Di		Datum

Mi		Datum

Do		Datum

Fr		Datum

Sa		Datum

So		Datum

AUFGABEN

beruflich | privat

ZIELE

geplant | erreicht

EREIGNISSE

positiv | negativ

KW: **Jahr:**

Mo	Datum

Di	Datum

Mi	Datum

Do	Datum

Fr	Datum

Sa	Datum

So	Datum

AUFGABEN

beruflich	privat

ZIELE

geplant	erreicht

EREIGNISSE

positiv	negativ

KW: **Jahr:**

Mo	Datum

Di	Datum

Mi	Datum

Do	Datum

Fr	Datum

Sa	Datum

So	Datum

AUFGABEN

beruflich	privat

ZIELE

geplant	erreicht

EREIGNISSE

positiv	negativ

KW: Jahr:

Mo		Datum

Di		Datum

Mi		Datum

Do		Datum

Fr		Datum

Sa		Datum

So		Datum

AUFGABEN

beruflich | privat

ZIELE

geplant | erreicht

EREIGNISSE

positiv | negativ

KW: **Jahr:**

Mo		Datum

Di		Datum

Mi		Datum

Do		Datum

Fr		Datum

Sa		Datum

So		Datum

AUFGABEN

beruflich | privat

ZIELE

geplant | erreicht

EREIGNISSE

positiv | negativ

KW: Jahr:

MO	Datum

Di	Datum

Mi	Datum

Do	Datum

Fr	Datum

Sa	Datum

So	Datum

AUFGABEN

beruflich | privat

ZIELE

geplant | erreicht

EREIGNISSE

positiv | negativ

KW: Jahr:

Mo	Datum

Di	Datum

Mi	Datum

Do	Datum

Fr	Datum

Sa	Datum

So	Datum

AUFGABEN

beruflich	privat

ZIELE

geplant	erreicht

EREIGNISSE

positiv	negativ

KW: **Jahr:**

Mo	Datum

Di	Datum

Mi	Datum

Do	Datum

Fr	Datum

Sa	Datum

So	Datum

AUFGABEN

beruflich | privat

ZIELE

geplant | erreicht

EREIGNISSE

positiv | negativ

KW:　　　　　**Jahr:**

Mo	Datum

Di	Datum

Mi	Datum

Do	Datum

Fr	Datum

Sa	Datum

So	Datum

AUFGABEN

beruflich | privat

ZIELE

geplant | erreicht

EREIGNISSE

positiv | negativ

KW: **Jahr:**

Mo	Datum

Di	Datum

Mi	Datum

Do	Datum

Fr	Datum

Sa	Datum

So	Datum

AUFGABEN

beruflich	privat

ZIELE

geplant	erreicht

EREIGNISSE

positiv	negativ

KW: **Jahr:**

MO	Datum

Di	Datum

Mi	Datum

Do	Datum

Fr	Datum

Sa	Datum

So	Datum

AUFGABEN

beruflich	privat

ZIELE

geplant	erreicht

EREIGNISSE

positiv	negativ

KW: Jahr:

Mo	Datum

Di	Datum

Mi	Datum

Do	Datum

Fr	Datum

Sa	Datum

So	Datum

AUFGABEN

beruflich | privat

ZIELE

geplant | erreicht

EREIGNISSE

positiv | negativ

KW: Jahr:

Mo	Datum

Di	Datum

Mi	Datum

Do	Datum

Fr	Datum

Sa	Datum

So	Datum

AUFGABEN

beruflich	privat

ZIELE

geplant	erreicht

EREIGNISSE

positiv	negativ

KW: **Jahr:**

Mo		Datum

Di		Datum

Mi		Datum

Do		Datum

Fr		Datum

Sa		Datum

So		Datum

AUFGABEN

beruflich | privat

ZIELE

geplant | erreicht

EREIGNISSE

positiv | negativ

KW: Jahr:

Mo		Datum
Di		Datum
Mi		Datum
Do		Datum
Fr		Datum
Sa		Datum
So		Datum

AUFGABEN

beruflich | privat

ZIELE

geplant | erreicht

EREIGNISSE

positiv | negativ

KW:　　　　　**Jahr:**

MO	Datum

Di	Datum

Mi	Datum

Do	Datum

Fr	Datum

Sa	Datum

So	Datum

AUFGABEN

beruflich | privat

ZIELE

geplant | erreicht

EREIGNISSE

positiv | negativ

KW: **Jahr:**

Mo	Datum

Di	Datum

Mi	Datum

Do	Datum

Fr	Datum

Sa	Datum

So	Datum

AUFGABEN

beruflich	privat

ZIELE

geplant	erreicht

EREIGNISSE

positiv	negativ

KW:　　　　**Jahr:**

Mo		Datum

Di		Datum

Mi		Datum

Do		Datum

Fr		Datum

Sa		Datum

So		Datum

AUFGABEN

beruflich	privat

ZIELE

geplant	erreicht

EREIGNISSE

positiv	negativ

KW: **Jahr:**

| Mo | Datum |

| Di | Datum |

| Mi | Datum |

| Do | Datum |

| Fr | Datum |

| Sa | Datum |

| So | Datum |

AUFGABEN

beruflich | privat

ZIELE

geplant | erreicht

EREIGNISSE

positiv | negativ

KW: **Jahr:**

Mo	Datum

Di	Datum

Mi	Datum

Do	Datum

Fr	Datum

Sa	Datum

So	Datum

AUFGABEN

beruflich | privat

ZIELE

geplant | erreicht

EREIGNISSE

positiv | negativ

KW: Jahr:

Mo	Datum

Di	Datum

Mi	Datum

Do	Datum

Fr	Datum

Sa	Datum

So	Datum

AUFGABEN

beruflich | privat

ZIELE

geplant | erreicht

EREIGNISSE

positiv | negativ

KW: Jahr:

| Mo | Datum |
| | |

| Di | Datum |
| | |

| Mi | Datum |
| | |

| Do | Datum |
| | |

| Fr | Datum |
| | |

| Sa | Datum |
| | |

| So | Datum |
| | |

AUFGABEN

beruflich | privat

ZIELE

geplant | erreicht

EREIGNISSE

positiv | negativ

KW: **Jahr:**

Mo		Datum

Di		Datum

Mi		Datum

Do		Datum

Fr		Datum

Sa		Datum

So		Datum

AUFGABEN

beruflich	privat

ZIELE

geplant	erreicht

EREIGNISSE

positiv	negativ

KW: Jahr:

| Mo | | Datum |

| Di | | Datum |

| Mi | | Datum |

| Do | | Datum |

| Fr | | Datum |

| Sa | | Datum |

| So | | Datum |

AUFGABEN

beruflich | privat

ZIELE

geplant | erreicht

EREIGNISSE

positiv | negativ

KW: **Jahr:**

Mo		Datum

Di		Datum

Mi		Datum

Do		Datum

Fr		Datum

Sa		Datum

So		Datum

AUFGABEN

beruflich | privat

ZIELE

geplant | erreicht

EREIGNISSE

positiv | negativ

KW: Jahr:

MO   Datum

Di   Datum

Mi   Datum

Do   Datum

Fr   Datum

Sa   Datum

So   Datum

AUFGABEN

beruflich | privat

ZIELE

geplant | erreicht

EREIGNISSE

positiv | negativ

KW: Jahr:

Mo	Datum

Di	Datum

Mi	Datum

Do	Datum

Fr	Datum

Sa	Datum

So	Datum

AUFGABEN

beruflich | privat

ZIELE

geplant | erreicht

EREIGNISSE

positiv | negativ

KW: **Jahr:**

Mo	Datum

Di	Datum

Mi	Datum

Do	Datum

Fr	Datum

Sa	Datum

So	Datum

AUFGABEN

beruflich | privat

ZIELE

geplant | erreicht

EREIGNISSE

positiv | negativ

Mo	Datum

Di	Datum

Mi	Datum

Do	Datum

Fr	Datum

Sa	Datum

So	Datum

AUFGABEN

beruflich | privat

ZIELE

geplant | erreicht

EREIGNISSE

positiv | negativ

KW: Jahr:

Mo	Datum

Di	Datum

Mi	Datum

Do	Datum

Fr	Datum

Sa	Datum

So	Datum

AUFGABEN

beruflich	privat

ZIELE

geplant	erreicht

EREIGNISSE

positiv	negativ

KW: Jahr:

MO	Datum

Di	Datum

Mi	Datum

Do	Datum

Fr	Datum

Sa	Datum

So	Datum

AUFGABEN

beruflich | privat

ZIELE

geplant | erreicht

EREIGNISSE

positiv | negativ

KW: **Jahr:**

Mo	Datum

Di	Datum

Mi	Datum

Do	Datum

Fr	Datum

Sa	Datum

So	Datum

AUFGABEN

beruflich | privat

ZIELE

geplant | erreicht

EREIGNISSE

positiv | negativ

KW: Jahr:

Mo	Datum

Di	Datum

Mi	Datum

Do	Datum

Fr	Datum

Sa	Datum

So	Datum

AUFGABEN

beruflich | privat

ZIELE

geplant | erreicht

EREIGNISSE

positiv | negativ

KW: Jahr:

Mo	Datum

Di	Datum

Mi	Datum

Do	Datum

Fr	Datum

Sa	Datum

So	Datum

AUFGABEN

beruflich	privat

ZIELE

geplant	erreicht

EREIGNISSE

positiv	negativ

KW: **Jahr:**

Mo	Datum

Di	Datum

Mi	Datum

Do	Datum

Fr	Datum

Sa	Datum

So	Datum

AUFGABEN

beruflich | privat

ZIELE

geplant | erreicht

EREIGNISSE

positiv | negativ

KW: **Jahr:**

Mo	Datum

Di	Datum

Mi	Datum

Do	Datum

Fr	Datum

Sa	Datum

So	Datum

AUFGABEN

beruflich | privat

ZIELE

geplant | erreicht

EREIGNISSE

positiv | negativ

KW: Jahr:

MO   Datum

Di   Datum

Mi   Datum

Do   Datum

Fr   Datum

Sa   Datum

So   Datum

AUFGABEN

beruflich	privat

ZIELE

geplant	erreicht

EREIGNISSE

positiv	negativ

KW: Jahr:

Mo	Datum

Di	Datum

Mi	Datum

Do	Datum

Fr	Datum

Sa	Datum

So	Datum

AUFGABEN

beruflich | privat

ZIELE

geplant | erreicht

EREIGNISSE

positiv | negativ

KW: **Jahr:**

Mo   Datum

Di   Datum

Mi   Datum

Do   Datum

Fr   Datum

Sa   Datum

So   Datum

AUFGABEN

beruflich | privat

ZIELE

geplant | erreicht

EREIGNISSE

positiv | negativ

KW: **Jahr:**

MO		Datum

Di		Datum

Mi		Datum

Do		Datum

Fr		Datum

Sa		Datum

So		Datum

AUFGABEN

beruflich | privat

ZIELE

geplant | erreicht

EREIGNISSE

positiv | negativ

KW: Jahr:

Mo		Datum
Di		Datum
Mi		Datum
Do		Datum
Fr		Datum
Sa		Datum
So		Datum

AUFGABEN

beruflich	privat

ZIELE

geplant	erreicht

EREIGNISSE

positiv	negativ

KW: Jahr:

Mo	Datum

Di	Datum

Mi	Datum

Do	Datum

Fr	Datum

Sa	Datum

So	Datum

AUFGABEN

beruflich	privat

ZIELE

geplant	erreicht

EREIGNISSE

positiv	negativ

IDEAS

CREATIVE

IDEAS

CREATIVE

KW: Jahr:

CREATIVE

KW: Jahr:

CREATIVE

IDEAS

CREATIVE

IDEAS

CREATIVE

KW: Jahr:

CREATIVE

IDEAS

CREATIVE

IDEAS

127

CREATIVE

IDEAS

CREATIVE

KW: Jahr:

CREATIVE

IDEAS

CREATIVE

IDEAS

CREATIVE

IDEAS

CREATIVE

IDEAS

CREATIVE

IDEAS

CREATIVE

IDEAS

CREATIVE

IDEAS

CREATIVE

IDEAS

CREATIVE

IDEAS

CREATIVE

IDEAS

CREATIVE

IDEAS

CREATIVE

IDEAS

CREATIVE

IDEAS

IDEAS

CREATIVE

IDEAS

CREATIVE

IDEAS

IDEAS

CREATIVE

IDEAS

CREATIVE

IDEAS

CREATIVE

IDEAS

CREATIVE

KW: Jahr:

IDEAS

CREATIVE

IDEAS

CREATIVE

IDEAS

IDEAS

CREATIVE

IDEAS

CREATIVE

KW: Jahr:

CREATIVE

IDEAS

CREATIVE

KW: Jahr:

....

....

....

....

....

....

....

....

....

....

....

....

....

....

....

....

....

....

....

....

....

....

CREATIVE

IDEAS

CREATIVE

KW: Jahr:

IDEAS

CREATIVE

KW: Jahr:

CREATIVE

IDEAS

IDEAS

CREATIVE

IDEAS

CREATIVE

IDEAS

CREATIVE

IDEAS

CREATIVE

IDEAS

CREATIVE

KW: Jahr:

IDEAS

CREATIVE

KW: Jahr:

CREATIVE

NOTES

NOTES

NOTES

NOTES

KW: Jahr:

NOTES

NOTES

NOTES

NOTES

NOTES

KW: Jahr:

225

NOTES

NOTES

NOTES

NOTES

NOTES

NOTES

NOTES

KW: Jahr:

NOTES

NOTES

NOTES

NOTES

NOTES

NOTES

NOTES

NOTES

KW: Jahr:

NOTES

NOTES

NOTES

NOTES

NOTES

NOTES

KW: Jahr:

NOTES

NOTES

NOTES

NOTES

NOTES

NOTES

NOTES

NOTES

NOTES

NOTES

NOTES

NOTES

NOTES